JN043931

素敵に超簡単！

ポッキーケーキ

お菓子作り未経験でもすぐできる！

江崎美恵子

CONTENTS

PART 1 スポンジ土台の 基本のポッキーケーキ

PART 2 バリエーション土台の ポッキーケーキ

PART 3

塩味の大人ケーキ

PART 4

市販お菓子を使ったアレンジケーキ

本書のきまり

＊計量サイズは小さじ1は5ml、大さじ1は15ml、カップ1は200mlです。
＊オーブンの加熱時間は目安です。種類などによって多少の違いがあるため、様子を見ながら加減してください。
＊電子レンジの加熱時間は600wを基準としています。500wの場合は時間を1.2倍してください。
＊常温とある場合は、20～25℃を設定しています。
＊本書で使用している市販品、グリコ商品によっては、特定の地域限定のものや期間限定のものもあります。入手できるものでお好きにアレンジしてください。
＊材料にはお酒（アルコール）を使用するレシピがあります。お子様やアルコールに弱い方、アレルギーの方などは、アルコール分が完全になくなるまで加熱して使用するか、除いてください。
＊材料名の太字は特定の商品名です。

ポッキーケーキのいいところ

1 ケーキなのに「焼きません」「泡立てません」！

本書では、スポンジケーキを焼いたりクリームを泡立てたりという工程はパス。市販品を上手に利用して作れてしまうレシピが基本です。お菓子作り未経験でもOK！

2 世界中にある「ポッキー」で作れます！

1966年の発売以来、30ヵ国以上の国々で愛されているポッキー。ご当地ポッキーや期間限定バージョンも使って、楽しくおいしく作りましょう。

3 おいしい上にフォトジェニック！

市販のスポンジケーキを重ね、チョコペンでポッキーを貼り付けて飾れば、フォトジェニックなケーキになってしまうから不思議です。SNSでも「＃ポッキーケーキ」で話題です。

4 バリエーションは無限大！

盛り付けの材料や飾るポッキーの種類を変えれば無限に楽しめるのもいいところ。塩味のプリッツで大人ケーキを試したり、イベントごとに形を変えたりとアイデア満載です。

よく使う材料

ポッキー

全国のスーパーやコンビニエンスストアですぐに買えるのが魅力の定番ポッキー、地方の名産を味わえるジャイアントポッキーなど、バラエティに富んでいます。

スポンジケーキ

土台になるスポンジケーキは焼く工程を省き、市販のものを利用します。本書では高さ4cm2枚切りのもの(1枚の高さは2cm)を多用。2章以降は他の土台も紹介します。

泡立て済ホイップ

ホイップも今回は市販のものを使います。すでに絞り袋に入った状態で売られていますので、これなら未経験の方や小さいお子さんでもすぐに使えます。

チョコペン

ソフトとハードのタイプがあり、本書ではソフトタイプがよく登場します。おもにポッキーを貼り付ける際に使用します。100円ショップなどで購入できます。

トッピング

フルーツをのせたり、市販のお菓子を飾ったり、最後のトッピング次第でポッキーケーキがより華やかになります。水分の少ないものを使うのがポイントです。

リボン

食材ではありませんが、完成時に華を添えるものの1つとして、ぜひ利用してください。ポッキーがはがれるのを防ぐ役割もしてくれます。

基本の道具

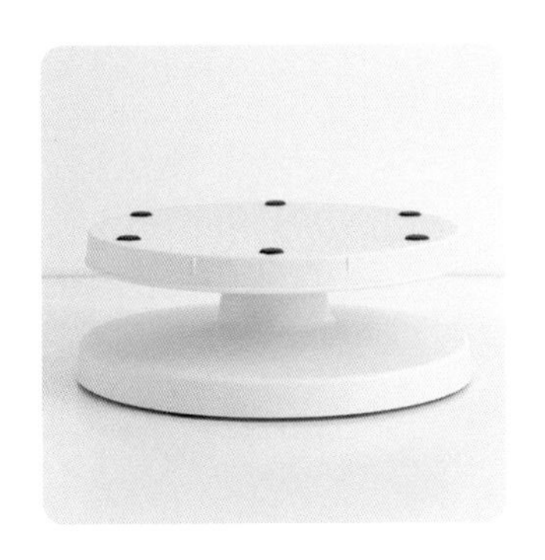

ターンテーブル

1つあるとケーキの完成度が上がります。テーブルから少し目線を上げて作業でき、ポッキーを貼り付ける作業がしやすくサイドの仕上がりが美しくなります。

ナイフ類

ホイップを塗ったり、食べる際に切り分けたりするナイフ類。刃渡り21㎝パン切り包丁、17㎝のステンレス包丁。パレットナイフ（小）、パレットナイフ（大）。

ケーキ紙、アクリル板

完成後に動かす必要がある場合は、あらかじめケーキ紙やアクリル板を皿などに敷いておくとスムーズです。動かす必要がない場合は直接皿にのせて作り始めてOK。

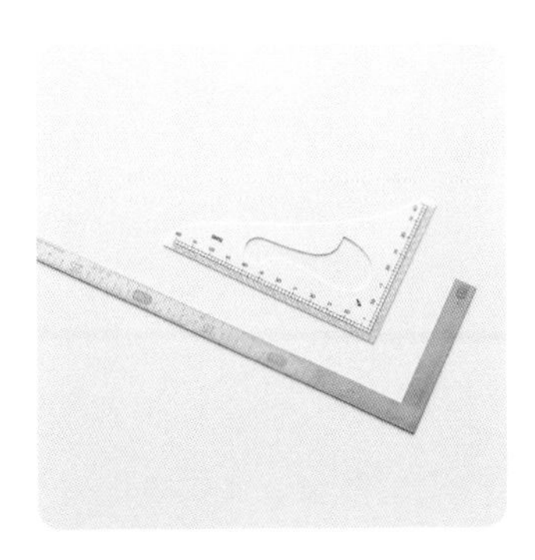

L字定規

スポンジケーキのまわりにポッキーを貼り付ける際、垂直に貼り付けているつもりでも気がつくと斜めになることも。100円ショップなどで購入できます。

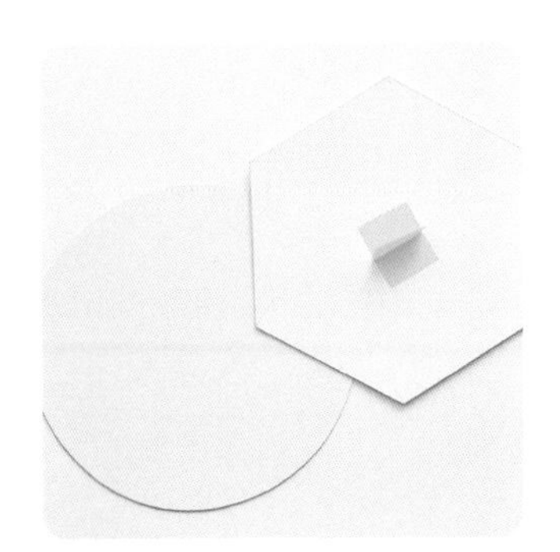

型紙

土台となるスポンジケーキを切る際に使えば、バランスよくきれいな形に切ることができます。カバーの裏にサンプルを付けていますのでコピーして使用してください。

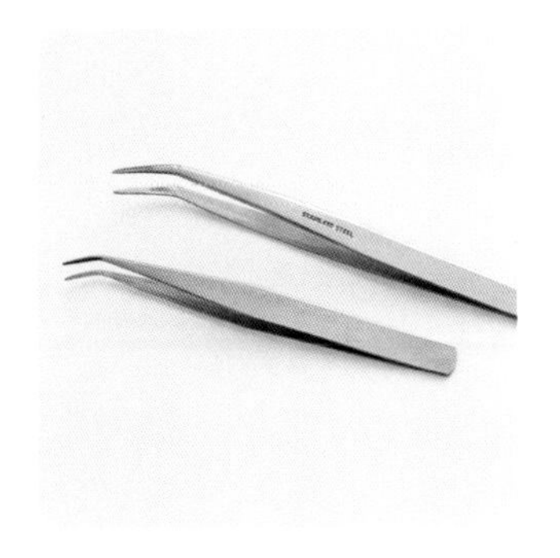

ピンセット

細かな作業をするときにとても重宝するピンセット。ポッキーをスポンジに貼りつけるときや最後の盛り付けで繊細な調整をしたいときにあると便利です。

あっという間にできてしまう

1

スポンジの土台も市販のものでOK

本書のケーキは基本的に市販のスポンジ（高さ4㎝2枚切りのもの）を使用。スポンジの間にフルーツやホイップをはさむだけで、土台の完成です。カステラや食パンなどスポンジ以外の土台を使ったレシピも紹介していますので、身近な市販品だけで作れてしまいます。

2

ポッキーを貼ってケーキができます

スポンジ台のまわりにポッキーをチョコペンで貼って飾るだけで、驚くほど美しい仕上がりになります。スーパーなど、ポッキーなら全国どこにでも売っていますので、思いたったらいつでも簡単に、失敗なく作ることができるのも嬉しい特徴です。

ポッキーケーキはこんなに簡単！

3

上に盛り付ければ完成です

ポッキーを貼り付けたケーキの上に、フルーツやお菓子など好きなトッピングを盛り付ければ、あっという間に完成です。ケーキ作り未経験の方でも材料が揃えばすぐ作れてしまいます。親子で一緒に盛り付けるなど楽しんで。

4

アレンジも自由自在！

土台の形を変えたり、飾り方次第で様々な形に変化させたりできます。まわりに貼り付けるポッキーもベーシックなものだけでなく、アーモンドクラッシュや抹茶味のポッキーなども使って、見た目や色の違いで様々なアレンジを本書を参考に楽しんでください。

便利アイテムでケーキをより華やかにおいしく

ケーキの上をかわいく飾ったり、食べる際にもひと工夫した演出を。
ちょっとしたアイデアでより華やかに楽しめます。

◎ 飾りをプラスしてより華やかに

製菓食材を扱うお店や100円ショップ、イベント飾りの専門店などには、ケーキに飾れるアイテムがたくさんあります。ろうそく、お弁当用のピック、小さなバルーン飾りなど、本書でもたくさん登場しています。イベントにちなんだアイテムを探せば、よりテーマに合うケーキにできます。

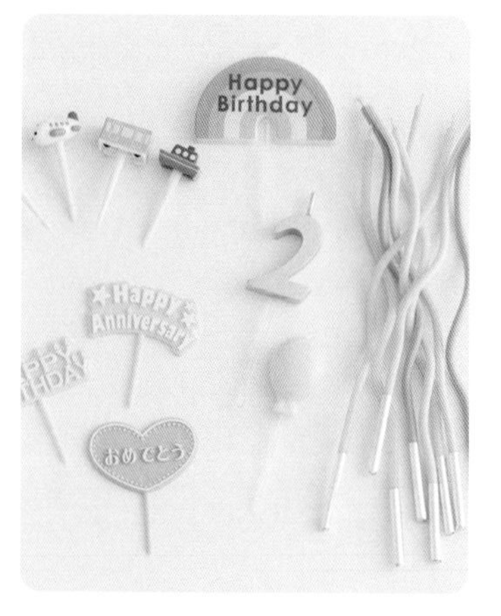

◎ よりおいしくしっとり食べるために

ケーキ完成後はすぐには食べず、ぜひ少し飾って楽しんで。でもその間に乾燥してしまうのも心配です。本書ではケーキをしっとりと保つ工夫として土台のスポンジにシロップを塗ることをおすすめしています(p.13参照)。切り分けて食べる際にメープルシロップやはちみつ、ホイップなどを付けてもおいしく召し上がっていただけます。

PART **1**

スポンジ土台の
基本の
ポッキーケーキ

Sponge-based basic Pocky cakes

まずはベーシックなポッキーケーキを作ってみましょう。
土台はスーパーなどで購入できるスポンジケーキ。
トッピングはフルーツやお好きなお菓子など、
アイデア次第で1年中楽しめます。

使用するポッキー

ポッキーケーキ

まずはこのケーキでトライ！ 王道のチョコポッキーを使って
誰もが好きないちごショート風に。超初心者でも楽々カンタン。

材料 （直径16cm1台分、型紙はカバー裏参照）

ポッキーチョコレート … 約90本（3箱）
スポンジケーキ（市販品、直径15～18cm）
… 高さ約8cm分（2枚組2個）
※2枚にカットしたものもあるため高さで表記しています
ホイップ（泡立て済の市販品）… 2箱
ソフトチョコペン（チョコ）… 3本
いちご … 4～5個
シロップ（アンビバージュ）* … 大さじ1～2
【飾り用】
いちご、ラズベリー、ブルーベリー … 各1パック
リボン（赤）… 約90cm

ケーキを切るときには上のフルーツをまず取り分け皿に盛ってからケーキを切り分けると切りやすく、きれいな仕上がりに。

作り方

1 スポンジケーキを整える

スポンジケーキの上に直径15cmの型紙（カバー裏参照）をのせ、側面をナイフで整える（側面を平らにすることでポッキーを貼り付けやすくなる）。

2 シロップを塗る

ターンテーブルにお皿などをのせ（ケーキ台に飾る場合はアクリル板に）、1枚目のスポンジケーキをのせる。ケーキをしっとり保ちたい場合は、ここで上面にシロップを塗る。

＊シロップ（アンビバージュ）の作り方
（作りやすい分量）
鍋に水150mlとグラニュー糖120gを入れ、よく混ぜて火にかける。沸騰してから2～3分煮て、洋酒（ホワイトラムまたはキルシュ）70mlを入れて火を止める（アルコールに弱い場合はさらに加熱しアルコールを飛ばす）。
注）アルコールに引火しないよう気をつける。

3 ホイップなどをはさむ

ホイップを上面に中心から渦巻きに絞る。スポンジを重ねていくと重さで少し外側にはみ出すので、外側は少し余白を残す。スライスしたいちごをのせる。真ん中は少し開けておく。

4 重ねていく

さらにホイップを絞り出して、スポンジケーキを重ねる。残りのスポンジケーキで同様に繰り返し、約10㎝の高さにする。
スポンジケーキのずれを防ぐため、ケーキの中央にポッキーを1本垂直に差し込む。

5 ポッキーを貼る

スポンジケーキの側面にチョコペンを絞り、ポッキーを貼っていく。

ポッキーが垂直に並ぶようL字定規で確認しながら貼る。

6 リボンで固定する

側面にリボンを巻き、ポッキーが外れないように固定する。

蝶結びは別に作って貼り付けたほうがきれいに仕上がる。

7 上面を飾れば完成!

ポッキーで飾った中に、トッピングのフルーツをのせて飾る。

Good
Luck

使用するポッキー

ベースボールケーキ

野球場の芝やフェンスのイメージを抹茶ポッキーで表現。
バットなどの飾りはビスコやチョコポッキーを上手に利用。
野球好きのパパやお子さんにウケます。

材料（直径17㎝1台分、型紙はカバー裏参照）

ポッキー〈ミルキー抹茶〉（タイ*）… 約63本（4箱）

ポッキー〈クッキーアンドクリーム〉（タイ*）… 約30本（2箱）

＊国外限定販売の商品のため、売っている国を表記しています。
国内で代用する場合はポッキー〈濃い深み抹茶〉、塩バニラポッキーがおすすめです。

スポンジケーキ（市販品、直径16㎝）… 高さ約4㎝分（2枚組1個）

マジパン … 250g

ホイップ（泡立て済の市販品）… 1箱

チョコペン（グリーン）… 2本

シロップ（アンビバージュ）… 大さじ1〜2

【飾り用】

マジパン … 30g

粉糖 …… 小さじ1

ココア … 小さじ1/5

ざらめ … 小さじ1

ビスコ … 2個

ポッキー〈極細〉… 4本

ポッキー贅沢仕立て〈ミルクショコラ〉… 2本

SUNAO〈チョコチップ＆発酵バター〉… 1個

ボール型のろうそく（市販品）… 1個

作り方

1 スポンジケーキの側面をケーキナイフで整える。

2 皿などに1枚目のスポンジケーキをのせ、上面にシロップを塗る。ホイップを絞り、スポンジケーキを重ねて約5㎝の高さにする。

3 くっつかないようマジパンの上に粉糖を散らして5㎜厚さの円形に伸ばし、直径16㎝のセルクルで抜く（またはナイフで切る）。スポンジケーキの上面にのせる（a）。

4 ポッキーを6㎝にカットする。側面にチョコペンを絞り、2種のポッキーをランダムに貼っていく。

5 飾り用のマジパンにココアを練りこんで茶色にし（b）、グローブを作る（c〜e）。その他の材料とともに野球場のように飾る。

a

b

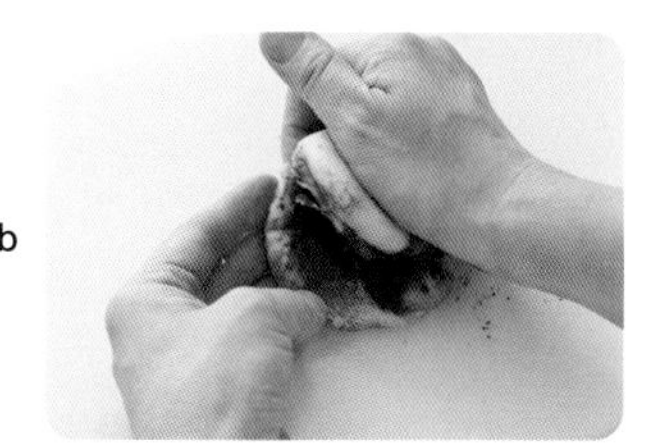

c

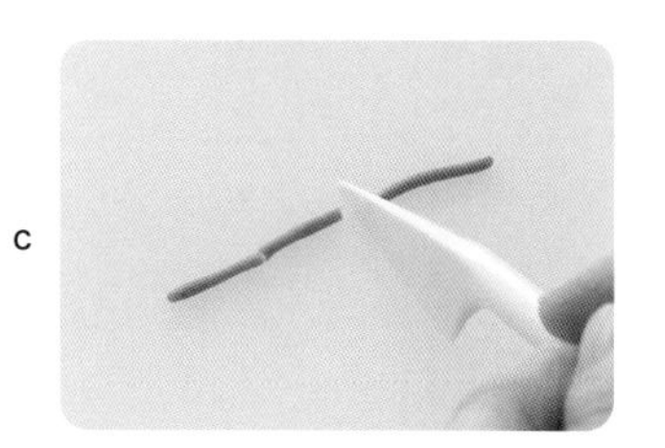

少し取り分け棒状に伸ばして3等分する。

d

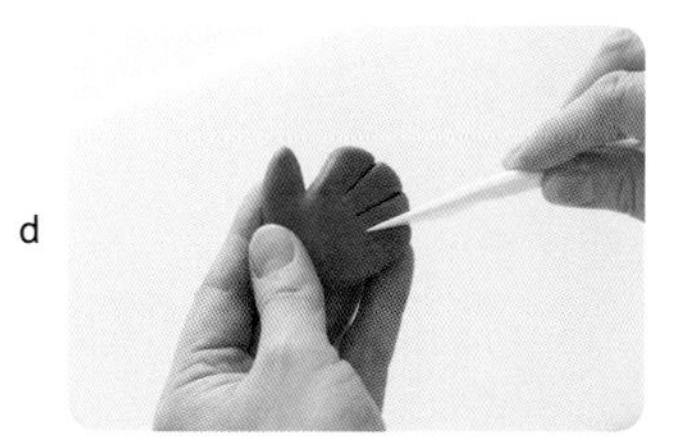

グローブの形にする。

e

cを付けて細工する。

お菓子ボックスケーキ

高さのあるスポンジケーキをくり抜き、側面にポッキーを貼り付けた、
一人1個の特別感のあるケーキ。残りのスポンジも無駄にせず使いましょう。

材料 （直径8cm2台分、型紙を使う場合はカバー裏参照）

塩バニラポッキー … 約70本（5箱）
スポンジケーキ（市販品、直径15cm）… 高さ約4cm分（1枚組1個）
ホイップ（泡立て済の市販品）… 1箱
チョコペン（ホワイト）… 1本
シロップ（アンビバージュ）… 大さじ1
【飾り用】
ミニカラーマシュマロ … 30g
ゼリービーンズ … 30g
グリコ、カプリコのあたま〈ミルクの星あつめ〉… 各2粒

作り方

1 スポンジケーキを直径7cmのセルクルで2個くり抜く（a）。残ったスポンジは2〜3cm角に切っておく。
2 皿などにくり抜いたスポンジケーキをのせる。スポンジケーキの上面にシロップを塗る。
3 ポッキーを9cm長さにカットする。
4 スポンジケーキの側面にチョコペンを絞り、ポッキーを貼っていく。
5 ポッキーケーキの上面にホイップを絞り、残りのスポンジを敷き詰める（b）。
6 飾りの材料や残ったポッキーをのせる。もう1台も同様の工程で作る。

a

b

使用するプリッツ

りんごの花びらケーキ

りんごの香りと味を満喫できるスペシャルなケーキ。
上に飾ったりんごチップスは“どうやって作ったの？”と
話題をさらうこと確実です。

材料　（直径10㎝1台分、型紙を使う場合はカバー裏参照）

ジャイアントプリッツ〈信州りんご〉… 約40本（4箱）
スポンジケーキ（市販品、直径15㎝）… 高さ約12㎝（2枚組3個）
ソフトチョコペン（ホワイト）… 2本
ポッキーチョコレート（支柱用）… 1本
りんごジャム（水分の少ないもの）… 60g
シロップ（アンビバージュ）… 大さじ1〜2
【飾り用】
りんご … 1個
リボン（赤）… 約130㎝

下準備

・りんごチップスを作る。りんごは縦半分に切り、芯を取る（a）。さらに半分に切り、2㎜厚さのくし形にスライスする（b）。
耐熱皿にクッキングシートを敷き、りんごを並べ（c）、電子レンジで3分加熱する。裏返して3分、さらに返して3分加熱する。
電子レンジから出して、5〜10分乾燥させる（d）。

a
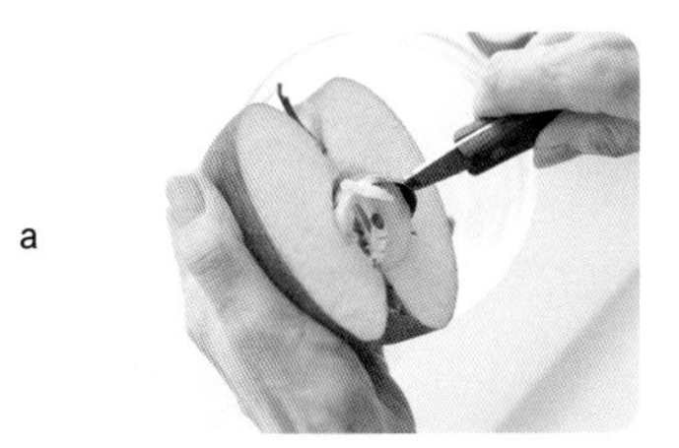
くり抜き器で芯を取る。

b
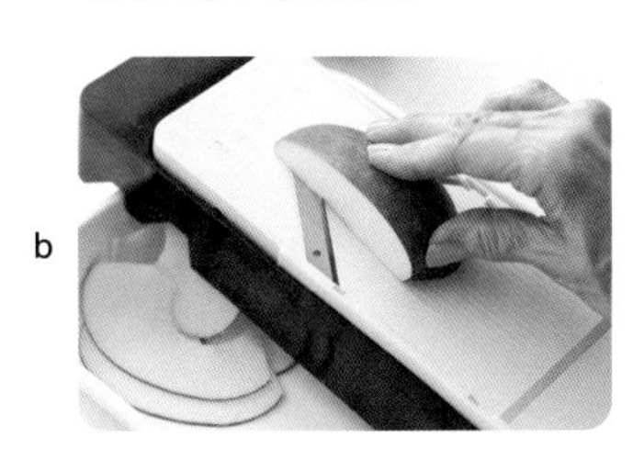

c
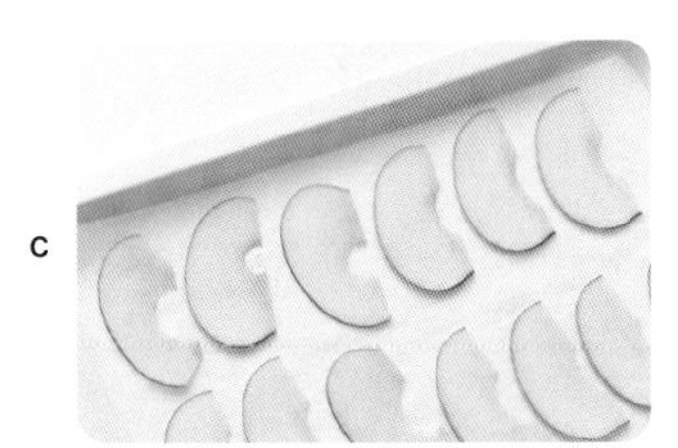

d
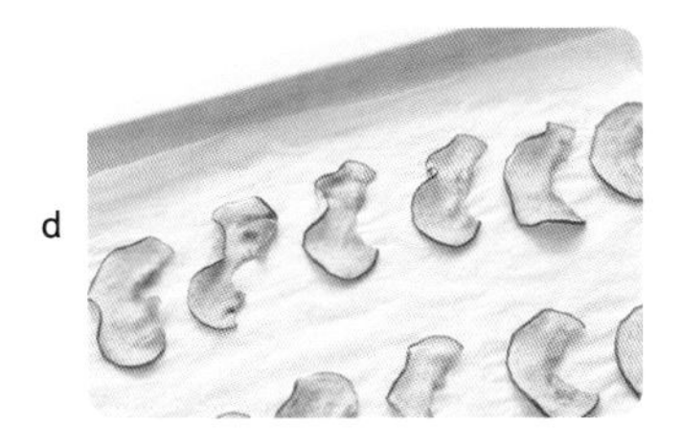

e

作り方

1. ジャイアントプリッツを14㎝長さにカットする。スポンジケーキは直径9㎝のセルクルでくり抜く。
2. 皿などに1枚目のスポンジケーキをのせ、シロップを塗る。さらにりんごジャムを塗り、スポンジを重ねる。これを残りのスポンジで同様に繰り返し、約13㎝の高さにする（e）。
3. ケーキの中央にポッキーを1本差し込む。
4. スポンジケーキの側面にソフトチョコペンを絞り、ジャイアントプリッツを貼っていく。
5. ケーキにリボンを巻く、蝶結びを付ける。
6. 飾りのりんごチップスをのせる。

Merry X'mas

クリスマスポッキーケーキ

基本のポッキーケーキと作り方はほぼ同じでも、
側面に貼るポッキーの種類によってこれだけ印象を変えられるのがすごいところ。
アラザンを付けるときは集中して!

材料 (直径20㎝1台分、型紙はカバー裏参照)

いちごポッキー〈8袋〉… 約100本(3袋)
スポンジケーキ(市販品、直径18㎝)… 高さ約12㎝分(2枚組3個)
ホイップ(泡立て済の市販品)… 2箱
ミックスアラザン(直径3㎜タイプ、ピンク・黄・緑・青)… 40g
チョコペン(ピンク)… 2本
ソフトチョコペン(ピンク)… 1本
シロップ(アンビバージュ)… 大さじ1〜2
【飾り用】
ジャイアントカプリコ〈ミルク〉、カプリコのあたま〈ミルクの星あつめ〉… 各1個
ミックスアラザン(ツリー用)… 20g
ソフトチョコペン(ホワイト)… 1本
アイシング(p.52参照)… 1/2カップ
ざらめ … 小さじ1
ケーキの飾り(市販品：サンタクロース、雪だるま、トナカイ、動物、
プレゼントBOX、きのこ、メッセージプレート)… 適宜
アクリル板(直径18㎝、あれば)… 1枚
※ケーキの上面に直接飾ってもよいが、アクリル板の上に作っておくと食べた後もとっておける。

下準備

・カプリコツリーを作る。カプリコのチョコ部分を切り取り、コーンの部分にソフトチョコペンを全面に塗り、アラザンを貼り付ける。先端にソフトチョコペンを絞り、カプリコのあたまを付ける。

作り方

1 ケーキ上面用の飾りを作る。アクリル板の上面にアイシングを付け、カプリコツリーなど好みの飾りを置いていき、ざらめをふりかける。メッセージプレートを飾る(アクリル板がなければ**4**のあとに直接飾る)。
2 スポンジケーキの側面をケーキナイフで整える。皿などに1枚目のスポンジケーキをのせ、スポンジケーキにシロップを塗る。
3 ホイップを絞り、スポンジケーキを重ねる。残りのスポンジで同様に繰り返し、約14㎝の高さに重ねる。ケーキの中央にポッキーを差し込む。
4 **1**のアクリル板をのせる。側面にチョコペンを絞り、いちごポッキーを貼っていく。3本おきにソフトチョコペンを絞ってアラザンを付けたポッキーを貼る(a)。

a

アラザンを付けたあとに手で整えるときれいに。

幸せの流れ星

ブルーベリー味のポッキーは不思議な青色が魅力的！
ワクワク綿菓子でロマン溢れる宇宙を表現。
なぜか男の子ウケするケーキ。

材料（1辺7㎝×直径14㎝1台分、型紙はカバー裏参照）

ポッキー〈幸せの青いベリー〉… 約70本（4箱）
スポンジケーキ（市販品、直径15㎝）… 高さ約8㎝分（2枚組2個）
ホイップ（泡立て済の市販品）… 1箱
チョコペン（ブルー）… 2本
シロップ（アンビバージュ）… 大さじ1～2
型紙（一辺約7㎝の六角形）
【飾り用】
カプリコのあたま〈ミルクの星あつめ〉… 3個
綿菓子 … 1袋
スプリンクル（直径1㎜タイプ、白・青）… 小さじ1/4
リボン（シルバー）… 約1m

作り方

1 型紙で一辺約7㎝の六角形を作る（カバー裏の型紙を参照）。スポンジケーキを4枚重ねてケーキの上に型紙をあて、六角形にカットする。
2 皿などに1枚目のスポンジケーキをのせ、上面にシロップを塗る。ホイップを絞り、スポンジケーキを重ねる。残りのスポンジも同様に繰り返し、約10㎝の高さにする。
3 ケーキの中央にポッキーを1本差し込む。
4 スポンジケーキの側面にチョコペンを絞り、ポッキーを貼り付けていく。ポッキーケーキにリボンを巻き、蝶結びを付ける。
5 綿菓子をのせ、カプリコのあたまをスティックなどに刺して、ケーキに差し込む。
6 スプリンクルをふりかける。

パイナップルフラワー

丸型スポンジを六角形にカットした
ユニークなデザインが目をひきます。
上に乗っているのは何とパイナップルのドライ！
南国ムード漂う一品。

材料 （1辺6㎝×直径12㎝1台分、型紙はカバー裏参照）

マンゴーポッキー（タイ*）… 約60本（3箱）

＊国外限定販売の商品のため、売っている国を表記しています。
国内で代用する場合は塩バニラポッキーがおすすめです。

スポンジケーキ（市販品、直径15㎝）… 高さ約8㎝分（2枚組2個）
チョコペン（イエロー）… 2本
シロップ（アンビバージュ）… 大さじ1〜2
パイナップルジャム※ … 160g
（生パイナップル … 正味200g、パイナップルジュース … 200㎖、グラニュー糖 … 大さじ3）
型紙（一辺6㎝の六角形）
【飾り用】
パイナップルフラワー※ … 8枚（生パイナップル … 1/2個、粉糖 … 大さじ1）
リボン（黄）… 約1m
※パイナップルジャムとフラワーは直径12㎝以上の生パイナップル1個で作ることができる。

パイナップルの下準備

・広めのまな板の下に濡らしたタオルを敷き、まな板がずれないようにしておく。果汁で手がべたつくのでおしぼりを用意しておく。
・生パイナップルは、葉を切り取り、皮のトゲでけがをしないように注意しながら皮を縦に削ぎ切る（a）。
・パイナップルフラワー用に3〜4㎜厚さの輪切り（8枚）にして、直径9㎝のセルクルで抜く（b）。残りはパイナップルジャム用に200g取り分け、粗みじん切りにしておく。

a

b

作り方

1 パイナップルフラワーを作る。オーブンの天板にクッキングシートを敷き、その上にスライスしたパイナップルを並べて粉糖をふりかける。
2 100℃に熱したオーブンに2時間以上入れて水分を抜く（c）。
3 直径9〜10㎝の小さな器の内側に貼り付けて、花の形にする（d）。湿らないように保存する。
4 パイナップルジャムを作る。アルミ製以外の小鍋に粗みじん切りにしたパイナップル、パイナップルジュース、グラニュー糖を入れ、中火にかけて、水分がなくなるまで15〜20分煮て（e）、冷ます。約160gできる（80gはスポンジケーキにはさむ。40gは同量の湯で溶いてソースにする*）。
＊残りの40gはジャムとしてご使用下さい。
5 マンゴーポッキーの持ち手部分をカットする。型紙で一辺約6㎝の六角形を作る（カバー裏の型紙を参照）。スポンジケーキの上に型紙をあて、六角形にカットする。
6 皿などに1枚目のスポンジケーキをのせ、上面にシロップを塗る。その上に、パイナップルジャムを塗り、スポンジケーキを重ねる。残りのスポンジケーキで同様に繰り返し、約10㎝の高さにする。
7 ケーキの中央にポッキーを1本差し込む。スポンジケーキの側面にチョコペンを絞り、ポッキーを貼っていく。
8 ポッキーケーキにリボンを巻き、蝶結びを付ける。上面にパイナップルフラワーをのせ、ソースを器に入れて添える。

c

d

e

HAPPY
Birthday

ドリームポッキーバースデーケーキ

名前の通り夢がいっぱい詰まったゴージャスな2段ケーキ。
ポッキーは五色五味で食べ応えも充分！ ウェディング用にも応用がききます。

材料 （直径22cm1台分、型紙はカバー裏参照）

ジャイアントドリームポッキー … 約100本（5箱）
大スポンジケーキ（市販品、直径20cm） … 高さ約12cm分（2枚組3個）
小スポンジケーキ（市販品、直径15cm） … 高さ約12cm分（2枚組3個）
ホイップ（泡立て済の市販品） … 3箱
チョコペン（ホワイト） … 4本
ポッキーチョコレート（支柱用） … 4本
ミニマシュマロ … 60g
シロップ（アンビバージュ） … 大さじ3〜4
【飾り用】
ミニマシュマロ … 60g
アクリル板（直径10cm）、発泡スチロール台（直径9cm×高さ3cm） … 各1枚
※ケーキに直接飾ってもよいが、アクリル板の上に作っておくと食べた後もとっておける。
バルーン、リボン、チュール、白ワイヤー、フラワーテープ … 適宜

作り方

1 トップの飾りを作る。アクリル板に発泡スチロール台をテープで貼り付けバルーンやチュールなどをスチロールに差し込む。
2 大小のスポンジケーキの側面をケーキナイフで整える。
3 ケーキ板などに大スポンジケーキを1枚のせ、上面にシロップを塗る。ホイップとマシュマロをのせて、スポンジケーキを重ねる。同様に繰り返し、約13cmの高さにする。
4 3にジャイアントポッキーを4本差し込む（a）。
5 小スポンジケーキも別のアクリル板などに3と同様に作り、約13cmの高さにする。ポッキーを4本差し込む（b）。
6 ジャイアントドリームポッキーの持ち手部分をカットする（c）。側面にチョコペンを絞り、ポッキーを貼っていく。
7 下の段に上の段をのせる（d）。さらに1の飾りをのせ、まわりにマシュマロを飾る。

a

b

c

d

キッチンペーパーで囲むとポッキーがずれにくい。

残ったポッキーも 賢くアレンジして！

ポッキーケーキを作っていると使い切れなかったものや切った残りが出てくることも。
そのようなポッキーたちもおいしくアレンジしましょう。

【ひと口チョコ・ショコラトリュフ】

材料 （各8個分）

【ひと口チョコ】
ポッキーの持ち手部分（プレッツェル）… 20g
神戸ローストショコラ〈芳醇カカオ〉… 10粒
【ショコラトリュフ】
ポッキーの持ち手部分 … 30g
神戸ローストショコラ〈芳醇カカオ〉… 10粒

作り方・ひと口チョコ

1 持ち手部分を細かく刻む。
2 チョコレートを細かく刻み、ボウルに入れて湯煎で溶かす。
3 2に1を全量入れて混ぜる。型に入れて常温で固まるまで冷ます。型から抜く。

作り方・ショコラトリュフ

1 持ち手部分を細かく刻む。
2 チョコレートを細かく刻み、ボウルに入れて湯煎で溶かす。
3 1の半量を2に入れて混ぜる。丸めやすい固さになるまで冷蔵庫で冷ます（固まり過ぎないよう注意）。
4 1個10gに丸めて、残りの持ち手部分をまぶす。常温で固める。

プレッツェル部分はクルトンの代わりにサラダやスープにのせてもおいしく召し上がれます。

PART 2

バリエーション土台の
ポッキーケーキ

Pocky cakes make with other bases

スポンジケーキで作るケーキに慣れてきたら、
ぜひ土台を変えてトライしてみましょう。
カステラ、バームクーヘン、パウンドケーキなど、
様々なアレンジを楽しんで。

アーモンドクラッシュ
ポッキーケーキ

土台に使ったのは、チョコレートシフォンケーキ。
アーモンドクラッシュポッキーのカリカリとシフォンのふわふわ食感が楽しい。

材料 （直径17cm1台分）

アーモンドクラッシュポッキー … 約50本（4箱）
チョコレートシフォンケーキ（市販品、直径16cm） … 1台
ソフトチョコペン（チョコ） … 2本
【飾り用】
クリームコロン〈大人のミルク〉 … 3～4箱
メンタルバランスチョコレートGABA〈ビター〉 … 2～3袋
ミニマシュマロ … 1袋
リボン（ゴールド） … 約1m

作り方

1 皿などにシフォンケーキをのせ、側面にチョコペンを絞り、アーモンドクラッシュポッキーを貼っていく。
2 ポッキーケーキにリボンを巻き、蝶結びを付ける。
3 ケーキの上部に飾りの材料をのせる。

切り分けるときには一度上の飾りと巻いたリボンを取り外し、縦に切り分ける。上の飾りもお皿に添えると見た目も美しく飾れます。

おこしとあられの ひな祭りケーキ

ひな祭りの「菱餅」の3色を
いちご、ミルク、抹茶味のポッキーで表現しました。
土台をぐるりと囲む側面に横向きに使っています。

材料 （直径16㎝1台分）

いちごポッキー〈8袋〉… 12本
ミルクポッキー（中国*）… 8本
＊国外限定販売の商品のため、売っている国を表記しています。
　国内で代用する場合は塩バニラポッキーがおすすめです。
さくら抹茶ポッキー〈8袋〉… 8本
チョコペン（ホワイト）… 1本
ひなおこし（市販品）… 1パック
【飾り用】
ひなあられ（市販品）… 1袋

作り方

1 ポッキーを、ひなおこしの一辺の長さに合わせて切る。
2 皿などにひなおこしをのせ、側面にチョコペンを絞り、横向きにポッキーを貼っていく。
3 飾りのひなあられをのせる。

ひなおこしは桃の節句の時期に店頭に出まわるひし形のおこし。本書では15㎝×8㎝くらいのものを使用しています。おこしが手に入らない場合は、パウンドケーキなど、ややしっかりした生地のケーキをひし形に切り出してもOK。

グリコの動物園　作り方 ⇨ P38

くまさんの汽車　作り方 ⇨ P39

グリコの動物園

カステラ1本をまるまる土台に使ったケーキ。
ポッキーは横向きに貼って牧場の柵のイメージに。
グリコの木製おもちゃを飾って。

材料 （横20cm×縦9cm×高さ6cm1台分）

アーモンドポッキー（タイ*） … 約60本（3箱）

＊国外限定販売の商品のため、売っている国を表記しています。
国内で代用する場合はアーモンドクラッシュポッキーがおすすめです。

カステラ … 1本

マジパン … 200g（あれば）

粉糖 … 小さじ1

チョコペン（キャラメル） … 2本

チョコペン（グリーン） … 3本

【飾り用】

キャラメル「グリコ」のおもちゃ … 適宜

フルーツミックスゼリー（ミニ） … 大さじ1～2

作り方

1 カステラを横19cm、縦8cm、高さ5.5cmに切る。

2 くっつかないようマジパンの上に粉糖を散らして5mm厚さに伸ばし（a）、19cm×8cmに切る（b）。カステラの上面にのせる（c）。
※マジパンがない場合は、カステラ上面の茶色い部分を切り取るだけでもよい。

3 ポッキーを約9.5cmに切る。

4 皿などにカステラをのせ、側面にチョコペン（キャラメル）を絞り、ポッキーを横向きに貼っていく。

5 マジパンの上に草原のようなイメージでチョコペン（グリーン）を絞る。

6 グリコのおもちゃを飾り、フルーツミックスゼリーを散らす（チョコペンのチョコレートが固まる前におもちゃとゼリーをのせる）。

a

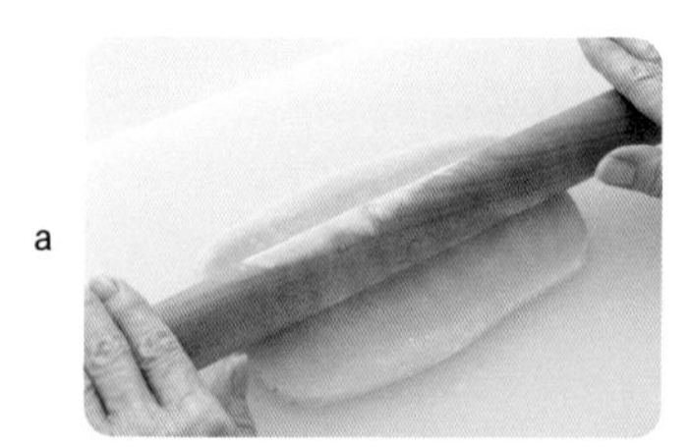

b

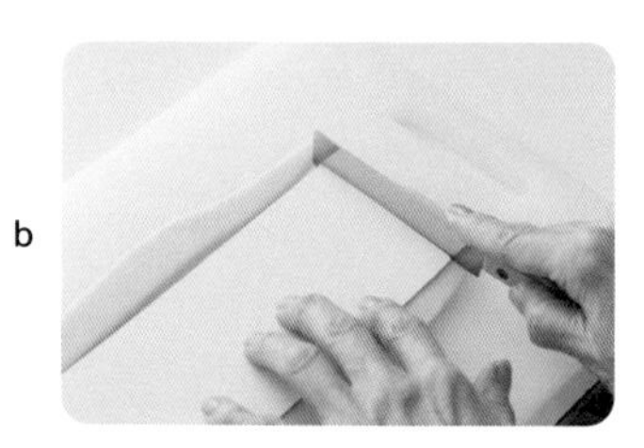

カステラの上面に合わせた型紙を作ってのせるときれいに切れる。

c

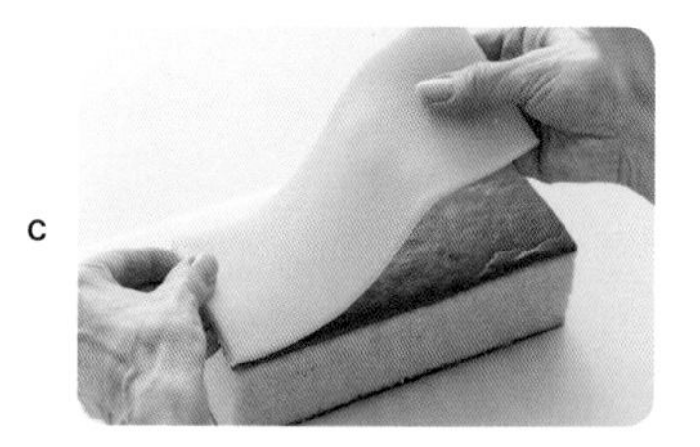

くまさんの汽車

ビスコやクリームコロンで作った汽車がキュート。
パウンドケーキを土台にしますが、サイズが多様なので
高さの目安を6㎝程度に設定すると作りやすいです。

材料 （横23㎝×縦6.5㎝1台分）

ポッキー贅沢仕立て〈アーモンドミルク〉… 約50本(3袋)
パウンドケーキ(市販品、横22㎝×縦5.5㎝×高さ3㎝) … 2本
ソフトチョコペン(チョコ) … 2本
【飾り用】
ビスコ … 7枚
クリームコロン〈あっさりミルク〉… 15個
ポッキー〈極細〉… 8本
ケーキの飾り(市販品、くま、きのこなど) … 適宜
アーモンドダイス … 小さじ1

作り方

1 ポッキーの持ち手の部分をカットする。
2 皿などにパウンドケーキを2本重ねてのせ(a)、土台とする。側面にチョコペンを絞り、ポッキー贅沢仕立てを貼っていく。
3 線路をポッキー〈極細〉で作る。飾りの汽車をビスコとクリームコロンで作る(b)。
4 汽車にくまやきのこをのせ、アーモンドダイスを散らす。

a

パウンドケーキは高さを出すために2本を重ねて使います。重ねるときは下段の上面を平らにカットし重ねて。

b

工夫すれば市販のお菓子が汽車に変身します。

郵便はがき

料金受取人払郵便

小石川局承認

1105

差出有効期間
2024年6月27
日まで

切手をはらずに
お出しください

112-8731

東京都文京区音羽二丁目
十二番二十一号

講談社エディトリアル 行

ご住所	□□□-□□□□		
(フリガナ) お名前		男・女	歳
ご職業	1. 会社員　2. 会社役員　3. 公務員　4. 商工自営　5. 飲食業　6. 農林漁業　7. 教職員　8. 学生　9. 自由業　10. 主婦　11. その他（　　）		

お買い上げの書店名　　市 区 町　　書店

このアンケートのお答えを、小社の広告などに使用させていただく場合がありますが、よろしいでしょうか？　いずれかに○をおつけください。

【 可　　不可　　匿名なら可 】

＊ご記入いただいた個人情報は、上記の目的以外には使用いたしません。

TY 000015-2205

愛読者カード

今後の出版企画の参考にいたしたく、ご記入のうえご投函くださいますようお願いいたします。

本のタイトルをお書きください。

a 本書をどこでお知りになりましたか。

1．新聞広告（朝、読、毎、日経、産経、他）　2．書店で実物を見て

3．雑誌（雑誌名　　　　　　）　4．人にすすめられて

5．書評（媒体名　　　　　　）　6．Web

7．その他（　　　　　　）

b 本書をご購入いただいた動機をお聞かせください。

c 本書についてのご意見・ご感想をお聞かせください。

d 今後の書籍の出版で、どのような企画をお望みでしょうか。興味のあるテーマや著者についてお聞かせください。

ご協力ありがとうございました。

ハートに愛がいっぱい

バレンタインや誕生日に作りたい、ハート形のチョコレートケーキ。
ピンクと茶色で統一してよりスウィートに。

材料 （縦21.5cm×横22cm、型紙はカバー裏参照）

つぶつぶいちごポッキー … 約90本(5箱)
チョコペン(ピンク) … 3本
ガトーショコラ(ハート形) … 焼き上がり高さ約10cm（5cm高さ2台分）
【飾り用】
カプリコのあたま〈いちごあつめ〉 … 10袋
メンタルバランスチョコレートGABA〈ミルク〉 … 2袋

下準備

・ハート形のガトーショコラを手作りする場合はp.42を参照。
焼き上がったら常温にしておく。

作り方

1. ガトーショコラの側面を型紙に合わせてハート形にケーキナイフで整える(カバー裏の型紙を参照)。約10cmの高さになるよう重ねる(2個を重ねる時は下段の上面を平らにカットして重ねる)。
2. 皿などにガトーショコラをのせ、側面にチョコペンを絞り、つぶつぶいちごポッキーを貼っていく。
3. 飾りの材料をのせる。

自分で焼く ハートのガトーショコラ

この本では唯一の自分で焼くケーキレシピ。というのも、ガトーショコラだけは
手作りしたいというリクエストがとても多いから。飾りをのせるので、固めの生地レシピにしています。
p.41のポッキーケーキを作る場合は2個焼いて重ねます。

材料 （縦20.5cm×横21cm×高さ約5cmの
ハート形1台分、型紙はカバー裏参照）

A
- 卵黄 … 5個分
- グラニュー糖 … 40g

B
- 卵白 … 5個分
- グラニュー糖 … 100g

C
- 神戸ローストショコラ〈芳醇カカオ〉… 120g
- バター … 100g
- 生クリーム … 80g

D
- 小麦粉 … 100g
- ココアパウダー … 50g
- 塩 … 少々

下準備

- 型の内側（底と側面）にバター（分量外）を塗り、オーブンシートを貼る（a）。
- Cはボウルに入れ湯煎で溶かす。
- Dは合わせてふるっておく。
- オーブンを160℃に温めておく。

a

作り方

1 大きなボウルにAを入れ、泡立て器で白っぽくなるまでよく混ぜる。

2 別のボウルにBの卵白を入れ、グラニュー糖を2～3回に分けて入れ、ハンドミキサーで7分立て程度の柔らかいメレンゲを作る。

3 1にCを入れ、よく混ぜる。

4 3にメレンゲの1/3量を入れる。

5 Dを全量加えて、よく混ぜ合わせる。

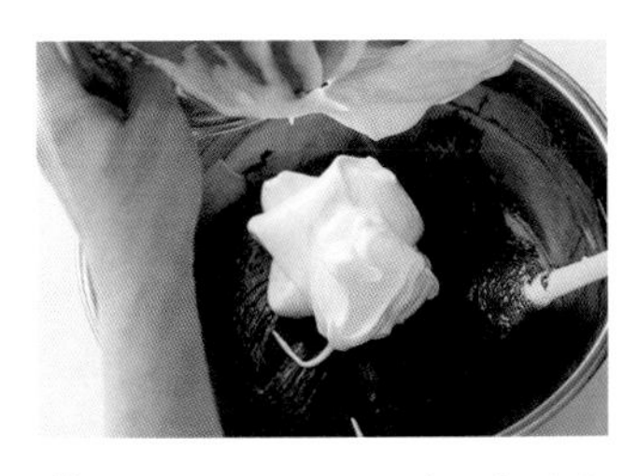

6 残りのメレンゲの半分を入れる。

7 泡をつぶさないようによく混ぜる。

8 さらに残りのメレンゲを入れて、同様に混ぜる。

9 全体が混ざったら型に流し入れる。

10 型をテーブルにトントンと落として空気を抜き、表面を平らにする。

11 オーブンに入れ、約50分焼く。

12 少し冷ましてから、ケーキクーラーを当ててひっくり返し、型から抜く。

13 側面の熱が取れたら、側面と底のオーブンシートをはがす。

14 別のケーキクーラーでケーキを上下にはさみ、ひっくり返す。

15 そのまま常温まで冷ます。

和風ミニ抹茶ポッキーケーキ

カステラ台と抹茶のポッキーで竹垣をイメージ。
いちごのポッキーに変えればひな祭りにもOK。
お土産にも喜ばれるサイズと雅さです。
気軽にトライできる大きさが嬉しい。

材料（6cm角4台分）

ポッキー〈濃い深み抹茶〉… 約160本（8箱）
カステラ（キューブタイプ5cm×5cm）… 4個
チョコペン（グリーン）… 2本

【飾り用】
金平糖 … 50g
吹き寄せ … 20g
こはく糖 … 50g
干菓子 … 25g

作り方

1 ポッキーを半分の長さにカットする。
2 皿などにカステラをのせ、ポッキーにチョコペンを絞り、カステラに貼り付ける。（持ち手側とチョコ側の向きを自由に組み合わせて好みのデザインにする、a）
3 飾りの材料4種をそれぞれにのせる。

a

ポッキーの向きを自由に変えて好みのデザインに。

Merry
Christmas

使用するポッキー

アーモンドの切り株ケーキ

ロールケーキも市販品を使うと、
クリスマス用の「ブッシュドノエル」が驚くほど簡単に作れます。
アーモンドクラッシュポッキーで樹皮らしさを醸し出して。

材料 (14cm1台分)

アーモンドクラッシュポッキー … 約16本(2箱)、軸の部分約15本(2箱)
チョコロールケーキ(市販品、14cm) … 1本
チョコペン(チョコ) … 1本
【飾り用】
クリスマスオーナメント(市販品) … 適宜

作り方

1 皿などにロールケーキをのせ、アーモンドクラッシュポッキーにチョコペンを絞り、ロールケーキに貼っていく。
2 軸の部分を隙間に入れていく(a、b)。
3 クリスマスオーナメントを飾る。

取り分けるときは、ポッキーに沿ってカットするときれい。

a

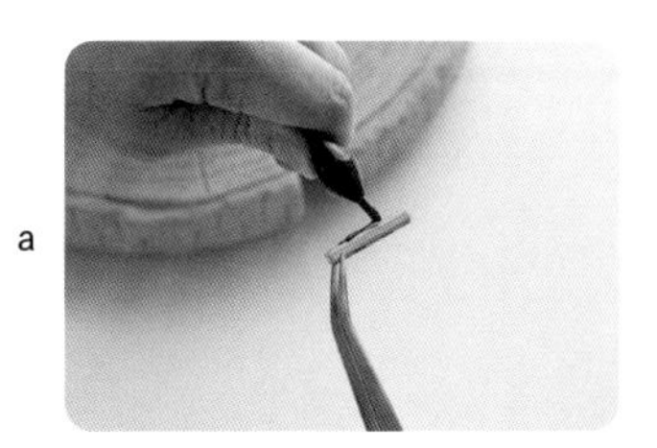

ピンセットを使うと細かな作業もきれいに。

b

隙間を埋めるように軸を貼る。

クリスマスのおうち

ヘクセンハウスはドイツ語で「魔女の家」という意味。
グリム童話で「お菓子の家」を表すようになりました。
ジンジャーブレッドで作った
ハウスキットを使って大作に挑戦してみて！
壁や屋根の貼り付けには強力な接着剤となる
「アイシング」を使います。

材料　（19㎝×14㎝×20㎝1台分）

ポッキー〈カカオ60％〉… 62本（3箱）
ヘクセンハウス（市販品、縦19㎝×横14㎝×煙突含む高さ20㎝）… 1台分
チョコペン（チョコ）… 2本
コロン棒（長さ6㎝に切っておく）… 4本　※2023年秋以降は販売継続未定
【飾り用】
花形クッキー（リース用、直径約6㎝）… 2枚
カラフルチョコレート … 18個
キャラメル「グリコ」… 14個
ホワイトパールアラザン … 137粒（16粒×6＋41粒）
クリームコロン〈あっさりミルク〉… 42個
ポッキー〈カカオ60％〉… 軸の部分41本
カラーボール、星の砂糖菓子 … 大さじ1
アラザン（シルバー、5㎜）… 1個（ドアの取っ手）
人形セット（サンタ、ツリー、雪だるま）… 1個
ロイヤルアイシング（粉糖300g、ロイメ15g、水39g）
台用の発泡スチレンボード（26㎝×22㎝）… 1枚
アイシング用口金（No.1、No.2、No.4）、支え用のスポンジ

市販のヘクセンハウスクッキー。クリスマス前はネット通販でも多種見つかる。

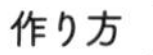
作り方

1 まず、家を構成する壁などのパーツごとに飾り付けていく。リースを作る。花形クッキーの中央とまわりに、アイシングで飾りを絞る（アイシングの作り方はP.52参照）。中央にキャラメル「グリコ」を貼る。アイシングでカラフルチョコレートを貼り乾かす。乾いたらアイシングで壁に貼る（a）。

2 窓、ドアの枠をアイシングで縁どりし（b）、キャラメルをアイシングで貼る。アイシングで自由に飾る（口金No.2）。好みでゼラチンシートやカラーフィルムなどで窓を飾る。

3 充分乾いたら、組み立てていく。クッキングシートの上で壁の端にアイシングを絞り、組み立てる。補強のため四隅にコロン棒を入れ、アイシングで貼り付ける（アイシングは強力な糊代わり）。壁が倒れないように、四方と内側からスポンジで支えておく。煙突もアイシングで組み立てておく。充分乾かす。

4 屋根をアイシングで貼りスポンジなどで支える。煙突をアイシングで貼る（c）。充分乾いたら、スチレンボードにアイシングを絞り、家をのせる。

5 屋根の長さに合わせてポッキーを切る。ポッキーにチョコペンを絞り、屋根に貼っていく（d）。煙突部分はポッキーの長さを調整する。

6 アイシングを雪が積もるイメージで煙突と屋根に口金（No.4）で絞る（e）。アイシングが乾かないうちに、カラーボールと星の砂糖菓子をふりかける。

7 壁の飾り付けをする。アイシングを口金（No.1）で絞り、アラザンやホワイトパールをつける。

8 スチレンボードにたっぷりのアイシングを塗る。パレットナイフ（小）で塗り付けたり、ペタペタと上下に動かすと雪のようになる。乾かないうちにコロンやポッキーの軸を並べていく。ポッキーの軸の上にアイシングを絞り、アラザン（ホワイトパール）をつける。その他、好みで飾り付け、完成させる。

a

重たい飾りは先にしっかり付けておく。

b

c

d

e

あひるのお

バームクーヘンのホール内側にポッキーを
池の水色はチョコペンで表現。あひると花
チョコペンの色数も最近はぐんと増えているの

材料 （直径12㎝1台分）

ポッキー〈濃い深み抹茶〉… 約25本(1箱)
バームクーヘン(市販品、直径12㎝×高さ5.5㎝)…
チョコペン(グリーン)… 1本
チョコペン(ブルー)… 1本
【飾り用】
アイシング(あひる、花)… 各6個
※作り方はp.52参照

作り方

1 皿などにバームクーヘンをのせる。ポッキーを6〜7.5㎝くらいまで少しずつ長さを変えてカットする。
2 ポッキーにチョコペン(グリーン)を絞り、バームクーヘンの内側にランダムに貼っていく。
3 バームクーヘンの上面に、チョコペン(ブルー)を水が流れるイメージで絞る。
4 あひるとお花をアイシングで作り、上面にチョコペンで貼り、飾る。

アイシングの作り方を覚えよう

【あひる、花】

材料 （各5～10個分）

粉糖 … 100g
ロイヤルアイシングメレンゲパウダー（ROYME）… 5g
水 … 14g
食用色素（黄、オレンジ、ピンク）… 各適量
チョコペン（チョコ）… 1本
絞り袋、口金（No.1、No.2、No.4）

下準備

・アイシングを作る。粉糖にメレンゲパウダー、水を加えてすぐにハンドミキサーで15分程度、ツノが立つまでしっかり混ぜる（a）。アイシングの、1カップを黄色、小さじ1をオレンジ、大さじ1をピンクにそれぞれ着色する（b）。※出来上がったアイシングは早めに使用する。
・アイシング用の絞り袋が入手できない場合は、手作りできる。ワックスペーパーを円すい状に丸めてテープで止め、先端を切って口金を入れる。

作り方・あひる

1 絞り袋に口金（No.4）をつけてアイシング（黄）を入れ、ワックスペーパーの上に体の形に絞る（c）。体が乾いたら、頭と羽を絞る。
2 アイシング（オレンジ）を絞り袋に入れ、先をカットして、あひるのくちばしを絞る（d）。
3 チョコペンを絞り袋に移し替え、先をカットして目を絞る（e）絞り袋のほうが小さく目が作れる。

作り方・花

1 作りたいイメージの花の形を紙に書くなどして、その上にワックスペーパーを重ねる（f）。
2 絞り袋に口金（No.2）をつけてアイシング（ピンク）を入れ、1にお花を絞る（g）。アイシング（黄）を絞り袋に入れ、口金（No.1）でお花の中心を絞る（h）。

a

b

c

d

e

f

g
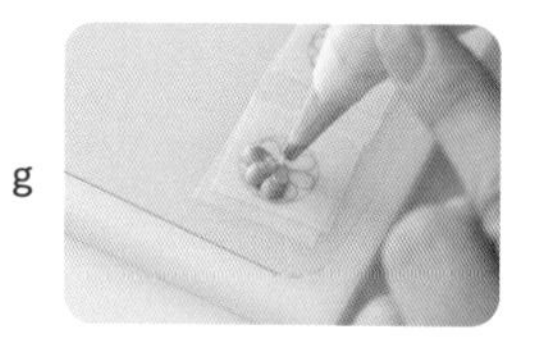
h
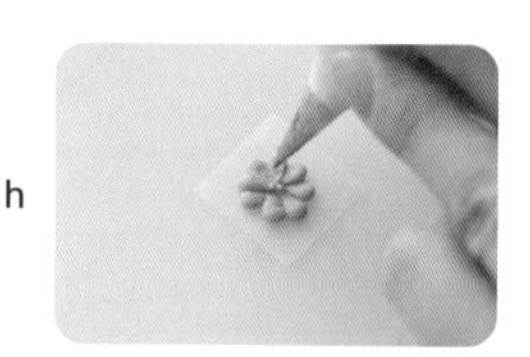

PART 3

塩味の大人ケーキ

Salty, refined cakes

甘いケーキがちょっと苦手な人には、ぜひ塩味のケーキを。
土台や貼り付けるお菓子を変えた、
ポッキーケーキ大人バージョンです。
お酒にも合いますので夜のパーティーなどにも最適です。

チーザのピラミッド

食パン1斤をピラミッド型に切り出して土台にしたユニークなケーキ。
いろいろなナッツを添えて味に変化をつけてもgood!

材料 (底辺11㎝×高さ11㎝1台分)

生チーズのチーザ〈チェダーチーズ〉 … 1袋
生チーズのチーザ〈カマンベール仕立て〉 … 1袋
食パン(10㎝×10㎝×10㎝のスライスしていないもの) … 1斤
バター(スプレッドタイプ) … 50g
アーモンド … 1粒
ミックスナッツ … 適量

作り方

1 食パンを10㎝×10㎝×10㎝の四角錐にカットする。最初に対面する二辺をカットし(a)、90度回して残りの二辺もカットすると(b)きれいに切れる。
2 皿などに食パンをのせ、側面にバターを塗り、2種類のチーザを重なるように下からランダムに貼っていく(c)。
3 頂点にアーモンドを1個のせる。
4 まわりにミックスナッツを散らす。

a

b

c

おつまみバスケット

パネトーネは伝統的なイタリアのクリスマス用菓子パン。
バター入りのリッチな生地は、
明太子味のジャイアントプリッツと意外にも好相性です。

材料 （直径17㎝1台分）

ジャイアントプリッツ〈博多明太子〉… 50本
パネトーネ（市販品、直径16㎝×高さ15㎝）… 1台分
クリームチーズ（スプレッドタイプ）… 100g
【飾り用】
チーズ、サラミ、ドライフルーツ、フルーツ、ポップコーンなどお好みのおつまみ … 適宜
リボン（茶）… 約1m

作り方

1 パネトーネの側面をナイフで整える（a）。
2 皿などにパネトーネをのせ、クリームチーズを塗り、ジャイアントプリッツを貼り付けていく（b）。
3 側面にリボンを巻き、蝶結びを付ける。
4 飾りの材料をのせる。ポップコーンを敷き詰めるように入れ（c）、その上に他の材料を飾る。

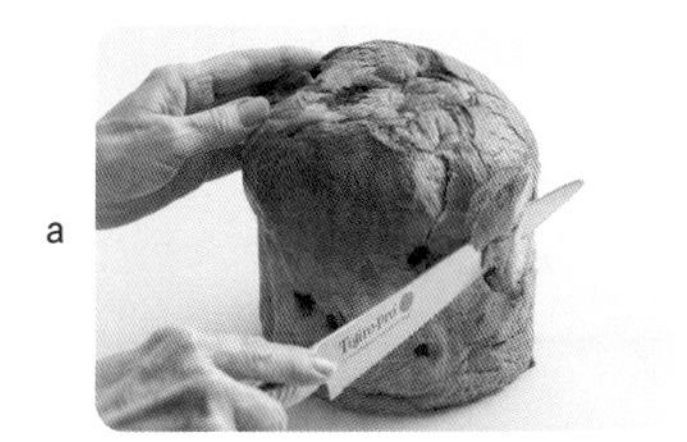
a

b

c

小梅の樽

チーズと水切りヨーグルトで作った土台プラス十六穀プリッツは
止まらないおいしさ!
小梅を足してよりヘルシーなおつまみに。

材料 (直径8㎝1台分)

十六穀プリッツやきのり味〈6袋〉… 1箱
カマンベールチーズ(ホールタイプ)… 1個
グリコおいしいカスピ海〈特選生乳100%〉ヨーグルト … 200g
【飾り用】
小梅 … 約30粒
オリーブの葉(あれば)… 4枚

下準備

ボウルの上にざるを重ね、キッチンペーパーを敷き、その上にヨーグルトを入れて一晩冷蔵庫で水切りしておく。約120gになる(a)。

作り方

1. プリッツをカットする。3.5〜6.5㎝くらいまで少しずつ長さを変えておく。
2. 皿などにカマンベールチーズをのせ、水切りしたヨーグルトを側面に塗る(b)。
3. プリッツを貼り付ける。長いものから短いものへ順に貼り付け、樽型にする(c)。
4. 小梅をのせ、オリーブの葉を飾る。

a

b

c

ポンデケージョのクロカンブッシュ

ブラジル発祥のチーズパン＝ポンデケージョのもちもち食感と
コメッコのカリカリ食感のコントラストが楽しい。

材料　（直径26㎝1台分）

コメッコ〈のりわさび味〉… 2袋
ポンデケージョ（市販品）… 約40個
イタリアンパセリ … 1パック
マヨネーズ … 200g
プリッツ（連結用）… 3〜4本

作り方

1 ポンデケージョを皿の上でツリー型に積み上げる。最下段は崩れにくくするために、ポンデケージョをプリッツで連結させ固定する（a）。
2 ポンデケージョのすき間にマヨネーズを絞り、コメッコとイタリアンパセリをバランスよく飾る。

a

使用するプリッツ

タイのラーブプリッツケーキ

タイを訪れる日本人のお土産として大変人気のプリッツです。
現地の食材を使って、よりエキゾチックに仕上げました。

材料 （直径6㎝1台分）

プリッツ〈ラーブ味〉（タイ*） … 約40本（2箱）

＊国外限定販売の商品のため、売っている国を表記しています。
国内で代用する場合はトマトプリッツがおすすめです。

タイのさつま揚げトード·マン·クン（市販品） … 2枚

【飾り用】

パンダナスリーフ（45㎝） … 1枚

パクチー … 1パック

a

2周巻いてセロテープなどで留める。

作り方

1. タイのさつま揚げをセルクル（直径5.5㎝）で抜く。2枚重ねて、パンダナスリーフで2重に巻く（a）。バンダナスリーフがないときは、ハランや塩漬けの笹、もしくはアルミホイルを二重に巻いても。
2. パンダナスリーフの1周目と2周目の間に、プリッツを差し込んでいく（b）。
3. 上部にパクチーを飾る。

b

2周目は緩めに巻いておくとプリッツが差し込みやすい。

2色のかるじゃがバスケット

手頃な材料でできる、フランスパンを使ったチーズと野菜のケーキ。
おやつや軽食代わりにいかが？

材料　（直径9㎝2台分）

かるじゃが〈うましお味〉… 約45本(2箱)
かるえだまめ〈えだまめ味〉… 約45本(2箱)
フランスパン … 1本
クリームチーズ（スプレッドタイプ）… 80g

【飾り用】
ミニトマト（黄、オレンジ、赤、グリーンなど）… 1パック
オリーブ（ブラック、グリーン）… 1パック
フェタチーズ … 1パック
ディル … 1パック
リボン（オーガンジー）… 約50㎝

作り方

1 フランスパンを8㎝長さにカットする。2個用意する。
2 皿などにフランスパンをのせ、側面全体にクリームチーズを塗り、かるじゃが、かるえだまめをそれぞれのフランスパンに貼っていく(a)。
3 かるえだまめには、オリーブ、フェタチーズをのせる。かるじゃがには、ミニトマト、ディルをのせる。
4 2色のかるじゃがバスケットをまとめてリボンで巻く。

a

PART 4

市販お菓子を使った アレンジケーキ

Cakes made with store-bought sweets

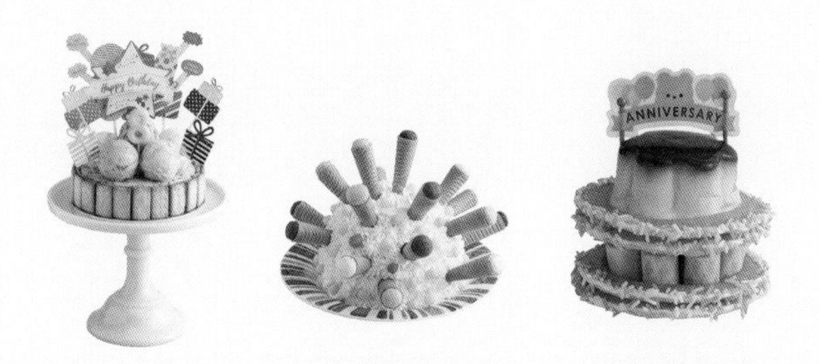

市販のお菓子で作る、様々なアレンジケーキもご紹介します。
どれも簡単に作れて見た目も華やかなので、
バースデーやウエディングなどの記念日に最適です。

さつまいものジェラート風

まるでダブルジェラートのような姿。だけどアイスじゃないからびっくり！
いつものカプリコにひと工夫で、おしゃれなデザートに大変身します。

材料 （2個分）

ジャイアントカプリコ〈いちご〉… 2本
さつまいも … 正味200g
グラニュー糖 … 30g
はちみつ … 大さじ2
水 … 200ml
くちなしの実 … 1個
ホワイトラム酒 … 大さじ1
生クリーム … 30g
【飾り用】
ポップコーン(キャラメル) … 20g

下準備

・さつまいもは、皮をむき、約1cm角に切り、ひたひたの水(分量外)に浸しておく。
・半分に割ったくちなしの実をティーバッグに入れ、水200mlに漬けて色を出す(a)。

a

作り方

1 さつまいものペーストを作る。鍋に水けを切ったさつまいも、くちなしを浸しておいた水、グラニュー糖を入れ、中火にかける。
2 さつまいもが柔らかくなってきたらはちみつを入れて、ほぼ水分がなくなるまで煮る(b)。火を止める直前にラム酒を加え、よく混ぜてから火を止める。
3 熱いうちにマッシャーでつぶし(c)、冷めてから生クリームを混ぜ合わせる。
4 **3**をディッシャーですくい、カプリコの上にのせる。ポップコーンを入れたグラスに入れる。

b

c

ビスコのウェディングケーキ

なんと手作りのウエディングケーキがビスコで簡単にできてしまいます！
タワーの段数はお好みに応じて自由に変化させて下さい。

材料 （直径25cm×高さ25cm5段組1台分）

ビスコ … 106個（8箱）

スポンジシート角型（市販品、30cm×40cm×厚さ1cm）… 3枚

スポンジケーキ（市販品、直径20cm）… 高さ3.5cm分

スポンジケーキ（市販品、直径15cm）… 高さ3.5cm分

ソフトチョコペン（ホワイト）… 3本

シロップ（アンビバージュ）… 50ml

ケーキボード（各ケーキのサイズ）… 4枚

【飾り用】

エディブルフラワー … 8パック

作り方

1. 5段分の土台のうち、下の2段はスポンジシートで作るロールケーキを土台とする。まず、スポンジシート角型を3.5cm幅にカットする（a）。
2. 片方の端を斜めにカットし（b）、くるくると丸める（c）。2本目の端は逆側にカットし（d）、これを繰り返してつないでいく（e）。各段のサイズになるまでロール状に巻く（1段目直径23cm、2段目直径19cm）。
3. 上の3段は、スポンジケーキで土台を作る。4段目と5段目は直径20cmのスポンジケーキから切り抜く（3段目直径15cm、4段目直径11cm、5段目直径7cm）。
4. 皿などに1段目のケーキをのせる。ケーキにシロップを塗り、その上に2段目19cmのケーキボードをのせる。各段のケーキも同様に繰り返し、ケーキを5段に重ねる。
5. 側面にソフトチョコペンを絞り、ビスコを貼っていく。
6. 各段の上部にエディブルフラワーを飾る。

a

b

c

d

e

with all my heart...
Woo Hoo!
Happy Birthday
Have a Great day!
8

アイスのバースデーケーキ

お誕生日会にリクエストされることが多いアイスクリームケーキ。
少し手間をかければ、ジェラートショップで買ったような仕上がりに！

材料（直径18㎝×高さ15㎝1台分）

ビスコ〈メープル〉… 約20枚
アイスクリーム「SUNAOバニラ」… 3個
アイスクリーム「グリコぎっしり満足！チョコミント」… 3個（約400g）
ポッキーチョコレート（8等分に切ったもの 長さ1.5㎝）… 30g（約15本）
【飾り用】（種類と量はお好みで）
アイスクリーム「グリコぎっしり満足！チョコミント
（ファミリーマート限定品）」… 1個
セブンティーンアイス
「ワッフルコーンショコラ生チョコ仕立て」、
「生キャラメルリボン」、
「スペシャルセレクション濃厚いちご」… 各2個
「ソーダフロート」、「カラフルチョコ（ミルク）」… 各1個
ケーキトッパー、ナンバーろうそく … 適宜

a

b

作り方

1 アイスクリームをケーキ型に詰めて土台を作る。直径15㎝の底の抜けるケーキ型に、ワックスペーパーを敷く（側面は4㎝高さにする）。

c

2 チョコミントアイスを冷凍庫から出し、少し柔らかくなったら1に全量入れ、表面を平らにしておく。冷凍庫で冷やし固める（a）。

3 2の上に柔らかくしたバニラアイスと短く切ったポッキーを高さ4㎝まで入れ（b）、表面を平らにする（c）。再度、冷凍庫で冷やし固める。

d

4 銀ボードの上に3を型から出し（d）、ワックスペーパーをはがす。

5 側面にビスコを貼っていく。

6 ケーキの上にディッシャーでスクープした好みのアイスをのせ（e）、ケーキトッパーやろうそくで飾る。

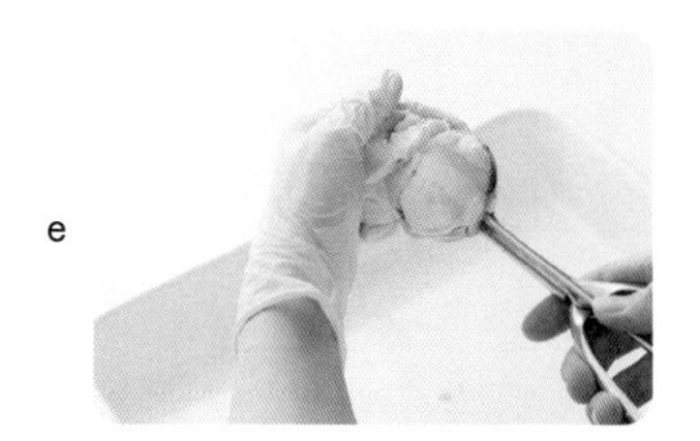
e

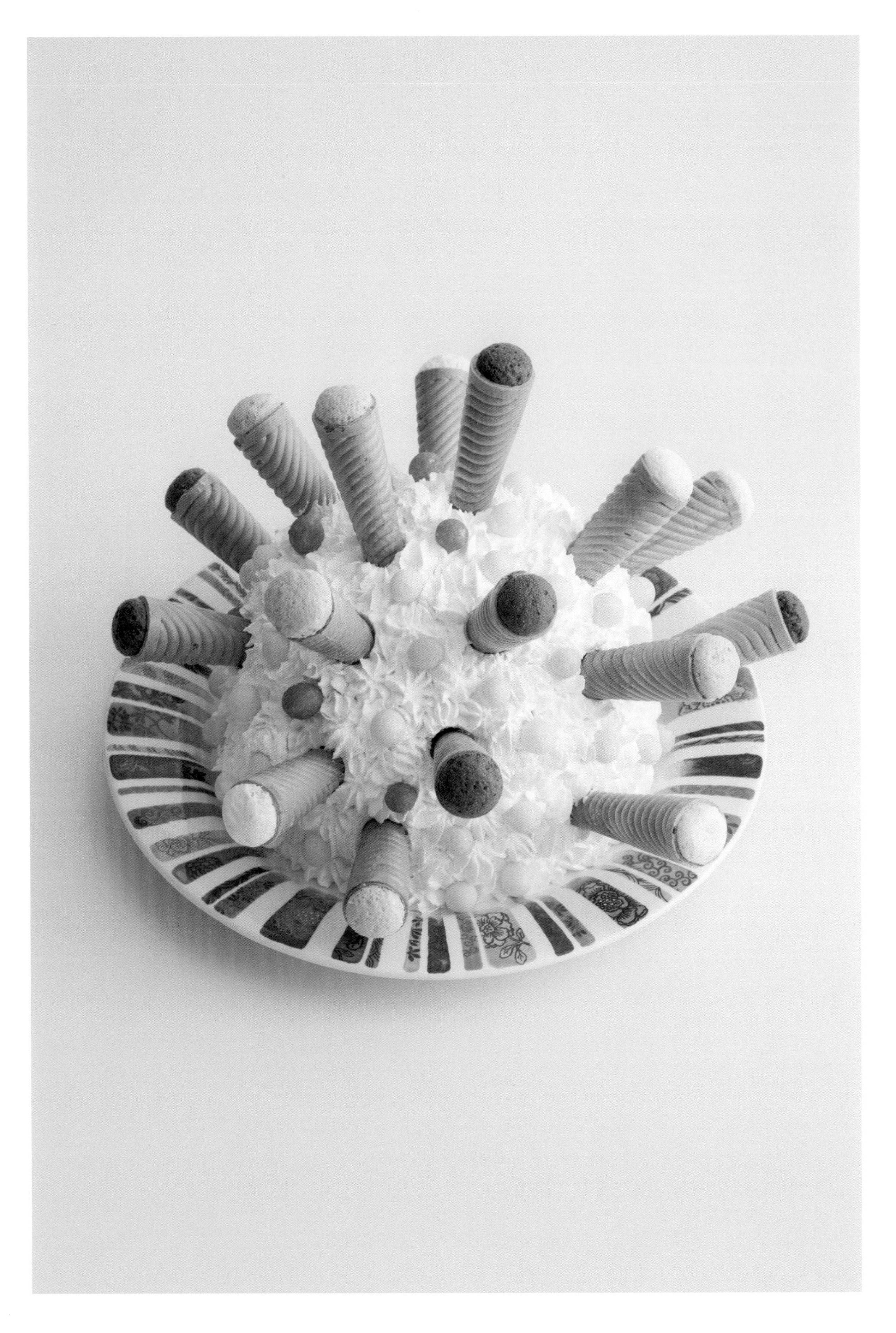

使用するお菓子

カプリコの花火

みんなで作れる簡単で楽しいケーキ。
暑い夏によく冷やした花火のケーキを召し上がれ！

材料 （直径15cm1台分）

カプリコミニ大袋 … 約16本（2袋）
チーズケーキ（市販品、ドーム型）… 1台
おいり（あられに似たお菓子、愛媛名産）… 2袋
ホイップ（市販品、星型の絞り口金つき）… 3袋

市販のドーム型チーズケーキ。通販などインターネットでも購入可能。

作り方

1 皿などにチーズケーキをのせ、全体を覆うようにホイップを星形に絞る（a）。
2 カプリコをチーズケーキに差し込む。
3 おいりをカプリコの間に飾る。

a

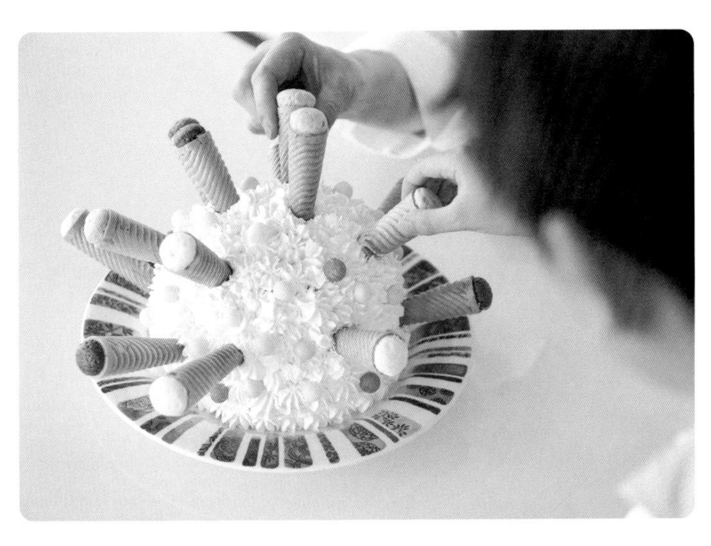

最後はみんなで仕上げるとさらに楽しく華やかに！

ANNIVERSARY

使用するお菓子

プッチンプリンケーキ

お子さんのバースデーパーティーやちょっとした記念日にぴったりの
見映えのするケーキ。食べるのがもったいないほどかわいく仕上がります。

材料 （大8cm1台、ミニ5.5cm1台分）

プッチンプリン … 1個

ちょこっとプッチンプリン〈カスタード〉 … 1個

ミニパンケーキ（市販品、直径約8cm） … 4枚

クリームコロン〈あっさりミルク〉 … 12個

カラーチョコスプレー … 小さじ4

ソフトチョコペン（ホワイト） … 1本

【飾り用】

ケーキトッパー … 1個

お弁当用ピック … 1本

下準備

・プリン2種は、冷凍庫に入れて冷やし固めておく（凍らせておくとプリンがのせやすいため）。

作り方

1 パンケーキ2枚を、セルクル（直径5.5cm）で抜く（a）。抜いた外側のみを、残りの2枚にそれぞれ重ね、2組作る。内側はミニサイズで使うのでとっておく。

2 大サイズを作る。**1**の縁にソフトチョコペンを絞り、カラーチョコスプレーをつける。皿などの上に1組をのせ、内側にコロン7個を並べて柱にする。

3 もう1組を上にのせる。プッチンプリンを冷凍庫から出し、まわりが少し溶けてきたら、プッチンして上の段の中央にのせる（b）。ケーキトッパーを飾る。

4 ミニサイズを作る。**1**のとり残しておいたパンケーキの縁にソフトチョコペンを絞り、カラーチョコスプレーをつける。皿の上に1枚をのせ、中央にコロン5個を並べて柱にする。

5 もう1枚を上にのせる（c）。ちょこっとプッチンプリンを冷凍庫から出し、両端にはさみを入れ空気穴を作り（d）、上の段の中央にのせる。ピックを飾る。

a

b

c

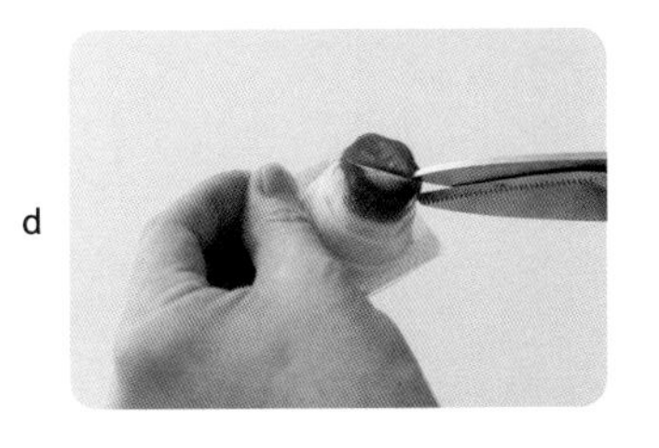
d

甘酒ポッキースムージー

～ジャイアントポッキー3種添え～

ジャイアントサイズのポッキーも、少し演出を変えるだけで
とってもエレガントなデザートに。

材料（10人分）

A
- 酒粕 … 200g
- 水 … 500ml
- 砂糖 … 60g

グリコおいしいカスピ海〈特選生乳100％〉ヨーグルト … 200g
バナナ … 160g
レモン汁 … 20ml
粉糖 … 80g

【バナナ味】
ポッキー〈東京あまざけ〉… 30本
【チェリー味】
ポッキー〈佐藤錦〉… 2本
チェリージャム … 60g
【みかん味】
ポッキー〈瀬戸内伊予柑〉… 2本
みかん缶詰 … 正味100g

作り方

1. 甘酒を作る。鍋にA（酒粕はちぎって）を入れ、火にかけ沸騰させる。へらで混ぜながら酒粕が細かくなめらかになるまで、弱火で炊く。冷ましておく。
2. 1をスムージーにする。バナナを粗みじん切りにし、レモン汁をかける。ミキサーまたはフードプロセッサーにバナナを入れてまわし、ある程度つぶれたら、ヨーグルト、粉糖、1を入れて回す（1000mlできる）。ベースのバナナ味ができる。
3. 【バナナ味】 2の1/3量を器に入れ、ポッキー〈東京あまざけ〉を添える。
【チェリー味】 2の1/3量と、チェリージャムをよく混ぜ合わせて器に入れ、ポッキー〈佐藤錦〉を添える。
【みかん味】 2の1/3量と、みかんをフードプロセッサーでよく混ぜ合わせる。器に入れ、ポッキー〈瀬戸内伊予柑〉を添える。

知ってる？ポッキートリビア

誕生から50年を超えて愛されるポッキーには、
知られざるトリビアがいっぱい。
ケーキをよりおいしく楽しめる話のタネとして少しご紹介します。

30の国と地域で展開中！

ポッキーチョコレートは、ASEAN地域を中心に30の国と地域で発売されています。販売する国や地域に合わせてこだわって製造しているため、味が少しずつ異なるなどの工夫も。例えば気温の高いASEAN地域のポッキーのチョコレート部分は、日本のポッキーに使用されているチョコレートよりも融点が高く、食べるときまでに溶けないよう工夫がされています。

日本
Japan

韓国
South Korea

タイ
Thailand

インドネシア
Indonesia

オーストラリア
Australia
シンガポール
Singapore

マレーシア
Malaysia
フィリピン
the Philippines
ベトナム
Viet Nam
ミャンマー
Myanmar

アメリカ
U.S.A

カナダ
Canada

中国
China

トリビア 2

1966年生まれ、最初は別名で発売されていた！

ポッキーは1966年に「世界で初めてのスティック状チョコレート」として誕生しました。当時の日本はまだ板チョコ全盛時代でしたが、グリコではヒット商品だった「プリッツ」にチョコレートをコーティングするというアイデアから試行錯誤の末に完成。テストセール中は「てくてく歩きながら食べるチョコスナック」という開発思想から「チョコテック」と命名されました。

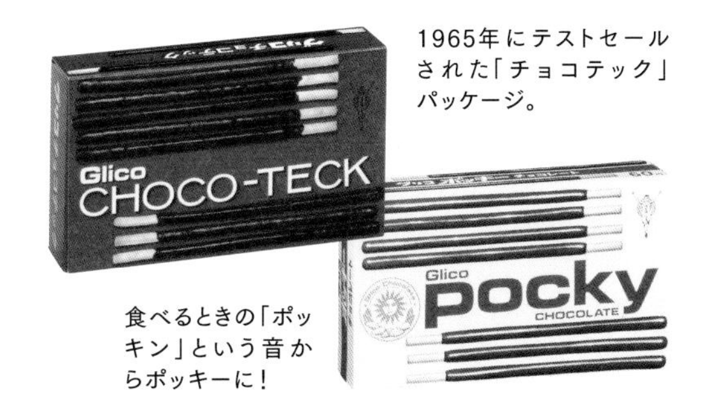

1965年にテストセールされた「チョコテック」パッケージ。

食べるときの「ポッキン」という音からポッキーに！

トリビア 3

ヨーロッパでの名前は「MIKADO」！世界記録も

ヨーロッパの伝統的なゲーム「Mikado」に使う棒に似ていることから、ヨーロッパでは「Pocky」ではなく「MIKADO」という商品名で販売されています。ポッキーの商品名では世界30の国と地域で年間約5億箱、発売から累計100億箱以上が販売、2019年には世界で最も売れた「チョコレートコーティングされたビスケットブランド」として2019年にギネス世界記録*に認定（MIKADOを含まない）！　世界中で愛されるお菓子なのです。

ヨーロッパで発売されている「MIKADO」

*最大のチョコレートコーティングされたビスケットブランド（最新年間売上,2020年）。国際市場調査のデータ分類上、クリームでコーティングされたビスケットも含まれる。今回の記録にヨーロッパで販売する「MIKADO」は含みません。

トリビア 4

実は全部違う！軸のビスケットへのこだわり

ポッキーの「軸」と呼ばれるプレッツェル（またはビスケット）は、各フレーバーに合わせて一番おいしく食べられるよう、味やサイズをこだわりぬいて開発されています。チョコレートだけでなく軸も味わいながら違いを楽しむと、ポッキーケーキのバリエーションもさらに広がっていきそうです。ケーキのテーマに合わせてポッキーを選ぶのも楽しいですね。

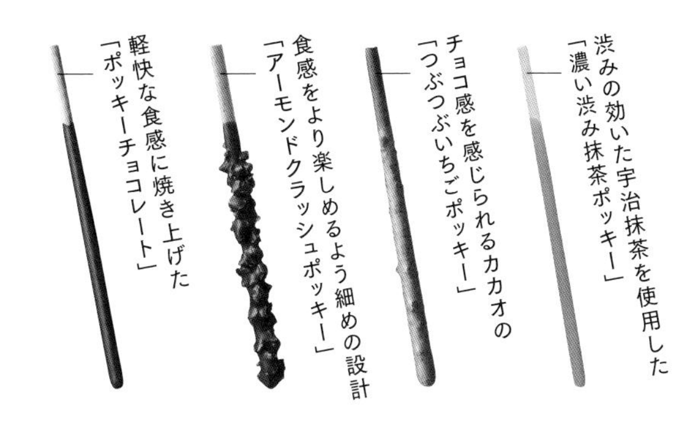

渋みの効いた宇治抹茶を使用した「濃い渋み抹茶ポッキー」

チョコ感を感じられるカカオの「つぶつぶいちごポッキー」

食感をより楽しめるよう細めの設計「アーモンドクラッシュポッキー」

軽快な食感に焼き上げた「ポッキーチョコレート」

おわりに　―― 私、お菓子作りが大好き♡！

30数年前に調理師専門学校の製菓専攻科の門をくぐった時から、
レシピ研究や材料集め、もちろん作る工程も含めて、私はお菓子作りが大好きです。

お菓子は繊細な生き物のよう。
同じ材料で同じように作っても、ちょっとした混ぜ具合や温度・湿度の違いなどで
仕上がりがずいぶんと変わるものです。
その出来栄えに一喜一憂することさえも楽しく、有意義な時間でした。10年くらい前までは……。
ところが近年は、自分の作るものが「より簡単に」「より可愛く」
変化してきたように思います。それは、
1　若い頃のような体力がなくなりつつあり、手間ひまをかけることが負担になってきたこと
2　私自身が、手の込んだものではなく簡単でさっぱりとしたお菓子を好むようになってきたこと
そしておそらく最大の理由が
3　便利でクオリティの高い市販品が手に入りやすくなり、
　それらを利用すると簡単に可愛いケーキが出来てしまうこと
のような気がします。

とてもありがたいことに「ポッキー」は現在、世界中で親しまれています。
そのポッキーを使った「ポッキーケーキ」は、
SNSでもたくさん紹介されるようになりました。
そこでこの本では、市販のケーキやホイップ、飾りなどを使って、
これまで一度もケーキを作ったことがない方でも家庭で簡単に作れる！
というコンセプトのケーキを紹介しています。
子育てまっ最中の娘にもアイデアを出してもらい、
多忙なママ達にも喜ばれる、見映えのする作品が出来上がりました。
つい夢中になって作っているうちに、少し手の込んだケーキになったものも中にはありますが。

ぜひ、私達と一緒に「ポッキーケーキ作り」に挑戦してみませんか？
そして身も心も幸せな時間を共にしていただければ嬉しく思います。

江崎美恵子

江崎美恵子 Mieko Ezaki

料理研究家・日本ソムリエ協会認定ソムリエ。兵庫県生まれ。甲南大学在学中に現・江崎グリコ会長・江崎勝久氏と結婚。一男二女に恵まれ、家事育児に専念するが、37歳のときに辻学園調理・製菓専門学校に入学し、調理師免許などを取得する。1991年より自宅で料理教室主宰。1996年に芦屋市内でシュガーデコレーションケーキの店と教室「江崎サロン・プレステージ」を、2003年には料理教室「プルミエ キッチン＆スタジオ」を開く。フランス料理アカデミー日本支部会員。ソムリエ・ドヌール。著書に『江崎美恵子の芦屋風味のおもてなし』（小学館スクウェア）、『ふたりでクッキング』『1週間システムクッキング』『芦屋スタイル』『人生楽しく仕切り直し』（以上、講談社）『江崎家へようこそ芦屋流おもてなし』（中央公論新社）などがある。

料理教室「プルミエ キッチン＆スタジオ」
0797-31-8760
https://www.ezaki-salon.jp/premier/intro.html

ブックデザイン　堀 康太郎（horitz）
撮影　嶋田礼奈（小社写真部）
スタイリング協力　岩﨑牧子
制作アシスタント　廣瀬真理子

撮影協力　UTUWA
東京都渋谷区千駄ヶ谷3-50-11明星ビルディング1F

「Pocky ／ポッキー」は江崎グリコ株式会社の登録商標です。

素敵に超簡単！ ポッキーケーキ
お菓子作り未経験でもすぐできる！

2023年11月7日　第1刷発行

著　者　江崎美恵子
発行者　清田則子
発行所　株式会社 講談社
〒112-8001 東京都文京区音羽2-12-21
電　話　販売　(03)5395-3606
業務　(03)5395-3615
編　集　株式会社講談社エディトリアル
代　表　堺 公江
〒112-0013 東京都文京区音羽1-17-18 護国寺SIAビル6F
電　話　編集部　(03)5319-2171
印刷所　大日本印刷株式会社
製本所　大口製本印刷株式会社

KODANSHA

ISBN978-4-06-533608-3